LES COLONS, LES TRANSPORTÉS

LES RÉCIDIVISTES

A LA NOUVELLE-CALÉDO

---

*Conférence faite à la Société de géographie commerciale
de Paris*

Par M. Léon MONCELON

Délégué au Conseil supérieur des colonies

PARIS

ALPHONSE DERENNE

52, Boulevard Saint-Michel

1885

[illegible]

LES COLONS, LES TRANSPORTÉS

LES RÉCIDIVISTES

A LA NOUVELLE-CALÉDONIE

LES COLONS, LES TRANSPORTÉS

LES RÉCIDIVISTES

A LA NOUVELLE-CALÉDONIE

____

Conférence faite à la Société de géographie commerciale de Paris

Par M. Léon MONCELON

Délégué au Conseil supérieur des colonies

PARIS

ALPHONSE DERENNE

52, Boulevard Saint-Michel

1885

LES COLONS, LES TRANSPORTÉS, LES RÉCIDIVISTES

A LA NOUVELLE-CALÉDONIE

Ce n'est pas sans une vive émotion, Mesdames, Messieurs, que je me vois appelé à l'honneur de prendre aujourd'hui la parole devant une assemblée dont je connais les sentiments dévoués à la cause coloniale, cause dont je suis moi-même un missionnaire modeste mais convaincu ; cet honneur, je le dois à la Société de Géographie commerciale. veuillez me permettre d'en témoigner ma reconnaissance à son président, à son secrétaire général, à ses honorables membres qui, en m'accueillant au nombre des sociétaires, ont voulu donner à la colonie qui m'a délégué au Conseil supérieur la plus haute marque de leur attachement, de leur sympathie.

C'est à plus d'un titre que la Nouvelle-Calédonie se recommande à l'attention, à l'intérêt de tous : elle est une des rares colonies où la main-d'œuvre d'origine européenne peut se livrer aux travaux du sol, à l'agriculture, sans avoir à redouter l'influence débilitante, souvent mortelle, des climats tropicaux; elle sert à la métropole de déversoir pour tous ses grands criminels de race blanche ; elle est menacée de la relégation d'une partie des récidivistes; enfin elle constitue notre station navale la plus importante du Pacifique ; elle est aussi la plus importante échelle sur la route du continent australien en Europe, en passant par Panama, lorsque M. de Lesseps aura achevé son œuvre.

Il y a quelques jours à peine, dans cette même salle, mon honorable ami, M. Lemire, vous a entretenus, avec toute la compétence acquise par un long séjour en Calédonie, de notre beau pays d'adoption au point de vue surtout de l'immigration; parlant au nom de la Société française de colonisation, il a exposé les avantages offerts à une émigration française par un pays éminemment français; aujourd'hui, il me reste à vous entretenir des habitants actuels de ce pays, des pionniers libres qui les premiers se sont risqués sur cette terre lointaine, au milieu des peuplades farouches et anthropophages; des ouvriers de la transportation, les forçats, colons pénitentiaires ; enfin, des récidivistes qui vont lui échoir, variété de colons difficile à qualifier, mais colons qui coûteront très certainement plus qu'ils ne produiront et que, pour cette raison. j'appellerai colons de la ruine.

Voici le théâtre de l'action ; c'est, comme le montre cette carte, une île longue et relativement étroite; elle peut avoir quatre cents kilomètres dans un sens et, dans l'autre, une moyenne de cinquante. C'est la plus grande terre du Pacifique après la Nouvelle-Zélande; mais il ne faudrait pas croire qu'elle est susceptible de recevoir une population agricole proportionnée à sa superficie; là, plus qu'ailleurs peut-être, il faut compter avec la configuration du sol, avec sa qualité. La Nouvelle-Calédonie est une crête de montagne émergeant de l'Océan; je l'ai traversée huit fois sur différents points et j'ai toujours dû m'élever par des contreforts, des croupes escarpées, jusqu'à une ligne de faîte variant de huit cents à mille et douze cents mètres d'altitude pour redescendre ensuite par des pentes analogues jusqu'au rivage opposé. Cette ligne ne se trouve pas toujours au centre même de l'île, mais, comme partout on doit la franchir pour aller d'une côte à l'autre, j'en conclus qu'elle constitue une véritable chaîne dominant tout le système, chaîne sinueuse si l'on veut, mais chaîne tout de même.

Toute la partie sud de la grande terre depuis le mont d'Or, à l'ouest, et Thio à l'est, est un amas ferrugineux immense de terres rouges et brûlées, sans ressources pour l'agriculture, si l'on excepte les forêts de la baie du sud et la station de Yaté. Au-dessus de cette zône, et sur chaque côte, s'ouvrent, de distance en distance, des vallées encaissées, formées par les alluvions que fournissent les principaux cours d'eau et où indigènes et colons ont installé les uns leurs villages, les autres leurs stations d'élevage et d'agriculture. Du côté de l'ouest, on peut citer les vallées de la Dumbea, de la Tontouta, de la Ouengui, de la Ouaméni, de la Foa, de Bouraïl, de la Poya, de Voh, de Gomen, de Pum ; au nord, celle du Diahot, la plus importante de toutes par son étendue ; dans l'est, Balade, Poébo, Hinguène, Tiponite, Touho, Tiouaka, Tillé, Tchemba, Ponérihouen, Mou, Monéo, Houaïlou, Koua, Kouaoua, Kanala, Nakéti et Thio. Presque toutes ces vallées, surtout les meilleures, sont soumises à des inondations périodiques qui y conservent la fertilité, mais exigent la plus grande circonspection de la part des planteurs ; elles se terminent généralement, à la mer, par un delta couvert de cocotiers, de villages et de plantations indigènes, du côté de l'intérieur par un cul-de-sac étroit se butant à la grande chaîne même, presque toujours, en ces points, couverte de forêts splendides d'où s'échappent les sources des rivières.

Toutes ces vallées, dont les unes longues et étroites s'insinuent jusqu'au cœur de l'île, et les autres forment de véritables plaines aux environs de la mer, sont séparées les unes des autres par un prodigieux chaos de sommets escarpés, aux formes bizarres, parfois revêtus de pâturages, mais n'ayant généralement de valeur réelle que par les riches minerais qu'ils recèlent à peu près partout dans leurs flancs déchiquetés.

On peut conclure de cet exposé sommaire que l'on s'est étrangement trompé, à la Chambre des députés surtout, lorsque certains orateurs, à l'occasion de la loi sur les récidivistes, ont avancé, je ne sais sur quelles données et documents, que la Nouvelle-Calédonie ayant une superficie de tant de millions d'hectares, pouvait recevoir facilement une population de tant de centaines de mille agriculteurs! Je vous avoue, Messieurs, que ce raisonnement provoqua alors en Nouvelle-Calédonie une stupéfaction générale en nous fournissant la preuve de l'ignorance où était la métropole de sa géographie coloniale.

Ce n'est pas à dire cependant que la colonie ne puisse recevoir une population beaucoup plus considérable que celle qui l'occupe actuellement ; bien loin de là, elle demande et attend de nouveaux colons, mais ce serait trop s'aventurer que de dire, comme on peut le faire par exemple pour un grand pays comme la France où les plaines dominent : elle peut recevoir tant d'habitants par hectare ; on s'exposerait à des méprises funestes, à des erreurs irréparables.

A partir de ce point de mon récit, ma tâche devient délicate ; il m'est bien difficile d'exposer la situation vraie (et là est mon devoir) sans laisser percer les amers regrets que cause aux colons sérieux la situation vraiment déplorable amenée par l'inexpérience des administrateurs qui se sont succédé en Nouvelle-Calédonie jusqu'à ce jour. Une commission officielle a reconnu qu'il ne restait plus à concéder, dans toute la colonie, que sept mille hectares de terre cultivable... et l'on ne compte encore que trois mille colons libres ! Ces chiffres n'ont pas besoin de commentaires, ils indiquent trop clairement, hélas ! les abus qui ont présidé à la distribution du sol : l'administration confinée, comme rivée à Nouméa, n'a jamais connu jusqu'à ce jour la quantité et la qualité des terres qui constituent le domaine ; aucun levé général n'existe encore; on a toujours concédé, concédé sans savoir positivement où et combien l'on concédait; l'État lui-même a signé des cessions de plusieurs milliers d'hectares aux portes de Nouméa, fermant ainsi à la petite culture l'accès des environs d'un centre important; il a cédé vingt-cinq mille hectares à une compagnie qui n'a jamais rempli ses engagements; on voit des propriétaires posséder jusqu'à trente mille hectares et plus, qu'ils livrent exclusivement au bétail ; les détenteurs de quatre, cinq, six mille hectares entièrement sacrifiés à l'élevage ne sont pas rares. En un mot, l'administration militaire a procédé à la Nouvelle-Calédonie comme si elle avait eu à sa disposition un territoire immense comme celui de l'Australie... et la métropole a approuvé et ratifié ce gaspillage !

Aujourd'hui, mais un peu tard, on constate, on reconnaît, on déplore l'erreur, on semble comprendre enfin que le morcellement de la propriété est le point de départ de l'exploitation sérieuse de la richesse du sol, et l'on offre vingt-quatre hectares à tout immigrant de bonne volonté.

Les centres de population de quelque importance, après Nouméa, sont fort rares dans la colonie. On en compte quatre ou cinq tout au plus; les colons cultivateurs sont disséminés à longues distances les uns des autres sur les meilleurs points de leurs concessions respectives; étant généralement peu fortunés, ne pouvant par conséquent s'attaquer aux terrains qui demanderaient trop d'apprêt et d'engrais pour produire, ils doivent forcément s'installer dans les localités où la qualité du sol peut suppléer aux moyens d'action dont ils manquent. Quant aux colons éleveurs, beaucoup habitent Nouméa, se bornant à entretenir sur leurs stations des gardiens chargés de surveiller le bétail. De ces deux catégories de colons, la seconde est sans contredit la mieux partagée sous le rapport de la fortune; le bétail croît facilement sous ce climat si favorable et les frais qu'il occasionne sont peu considérables; de plus, l'écoulement en a été assuré jusqu'à ces dernières années à des prix rémunérateurs. Les agriculteurs et planteurs, eux, mènent une existence beaucoup plus pénible, plus laborieuse, plus périlleuse, pour arriver souvent à un résultat moins favorable. Si l'on me demandait quelle est la vie de ces hommes qui ont eu l'énergie de quitter leur patrie... et quelle patrie, la France! pour aller à cinq mille lieues s'isoler au milieu de la brousse calédonienne, je répondrais : vie de labeur et d'abnégation assurément, mais qui a, dans son isolement même, ce charme magique qui rappelle irrésistiblement celui qui, après l'avoir menée, vient à la quitter; charme sous l'empire duquel je suis encore moi-même à l'heure présente, après douze ans de séjour dans la brousse, et qui est inséparable de la jouissance absolue de la vraie liberté! Là, dans ces sauvages mais superbes solitudes, à l'ombre éternelle des splendides forêts tropicales, l'homme se repose en paix des tracas du monde ; les tortures de l'ambition laissent son cœur tranquille, les vains bruits de la politique n'arrivent plus jusqu'à lui ; là, maître absolu dans le vallon dont il dispose, le colon ne dépend de qui que ce soit au monde ; à son gré, il nivelle ou il creuse, il coupe ou il plante, il détourne s'il le veut son ruisseau, sans que gendarmes ou gardes-champêtres aient à intervenir, sans que mille règlements administratifs lui apportent leurs entraves ; il est libre enfin, et, s'il est sage, il doit être heureux, car notre nature aspire à la liberté.

Ce qui est positif et a été constaté maintes fois, c'est que, en Nouvelle-Calédonie, jamais personne n'est mort de faim et si, par l'agriculture, personne n'est encore parvenu à s'enrichir, du moins tous ceux qui s'y sont livrés en ont vécu ; il serait bien à désirer qu'on pût en dire autant de tous les pays du monde. Chez les moins fortunés, le manioc et le riz remplacent le pain et fournissent une nourriture abondante et saine ; les porcs, qui croissent rapidement, donnent à tous une graisse fine et une chair plus délicate qu'en France ; les ravines des montagnes offrent à chaque pas une eau limpide, glacée, jamais malfaisante ; des fruits de toutes sortes abondent dans les plantations.... On peut donc vivre dans un pays pareil, surtout si l'on considère qu'il jouit du climat le plus sain du monde entier. Mais je ne prétends pas décrire un paradis terrestre ; je vous dois la vérité et je la dirai : c' st au prix d'un travail sérieux que le colon, après plusieur. nnées d'efforts, arrive à se créer ces loisirs et à jouir d'une certaine facilité d'existence ; la terre ne produit pas toute seule en Nouvelle-Calédonie ; il faut la remuer sérieusement pour en diviser les parties argileuses qui, partout, en forment la base ; il faut refaire son guéret lorsque l'inondation le dévaste ; il faut relever ses plantations quand le cyclone les renverse ; il faut compter aussi avec d'autres difficultés locales ; le manque de voies de communications, le manque de débouchés quand les produits abondent, les caprices des naturels, les incursions des libérés et des forçats évadés.

C'est que, en effet, Mesdames, Messieurs, il existe en Calédonie des forçats et des libérés ; il y en a environ douze mille à l'heure où je vous parle ; ces misérables furent, dans le principe, exilés à la Guyane, mais ils y mouraient trop ; et la France, toujours compatissante, toujours bonne mère pour tous ses enfants, assura leur existence sous un climat charmant, jamais trop chaud, ni jamais froid, dans le pays le plus sain de la terre... Non, je commets une erreur : on meurt encore quelquefois sur la grande terre, tandis qu'à l'île des Pins, située à dix lieues dans le sud, on vit éternellement, et c'est pourquoi on a installé là un asile pour les invalides et les vétérans des bagnes ! Ils y vivent en paix, ces bons vieillards, se félicitant des hauts faits qui leur valent cette retraite !

Ah ! Messieurs, ce n'est pas sans une certaine émotion que j'aborde devant vous qui êtes ce grand public dont l'opinion pèse toujours d'un poids si considérable sur les décisions de nos gouvernants, cette question capitale de la transportation pénitentiaire. Après avoir passé de longues années dans le voisinage de cette transportation, après avoir eu si longtemps sous les yeux le spectacle étrange offert par l'administration qui la gouverne, je ne saurais douter que le mal contagieux que l'on nomme « récidive » ait son germe dans l'interprétation actuelle de la loi de 1854 et que le partage des faveurs dont on jouit au bagne, faveurs que tous les coquins connaissent, ne soit le but auquel aspire ce rebut humain : les récidivistes.

Les administrateurs de la transportation font aux condamnés aux travaux forcés une situation telle que nos honnêtes paysans et nos braves ouvriers de France, après une vie de labeurs, ne sauraient en acquérir une semblable... et je ne parle pas des libérés, mais bien des forçats en cours de peine; il n'est que trop certain, dans la période commerciale difficile que nous traversons, qu'un ouvrier sans ouvrage aurait, matériellement parlant, tout avantage à commettre un crime qui l'enverrait en Nouvelle-Calédonie plutôt que de traîner la misère sur le pavé de Paris.

Il est profondément regrettable et triste, Messieurs, qu'à notre époque et au milieu d'une société comme la nôtre, le premier orateur venu puisse dire en public ce que vous venez d'entendre sans avoir à redouter de qui que ce soit le moindre démenti ! Mais il importe, pour la dignité même du pays, que l'on sache bien en France ce qui se passe là-bas ; l'encouragement à des crimes nouveaux, par la façon dont est puni le crime commis, est un procédé trop dangereux et qui a déjà donné de trop funestes résultats pour que les hommes qui, comme moi, ont les intérêts d'une population à défendre et ont au cœur l'amour de leur pays ne s'adressent pas à l'opinion publique pour lui dénoncer de tels abus. En réalité la loi de mai 1854, sur la transportation pénale, a voulu que la force pénitentiaire fût employée, dans les colonies qui la reçoivent, à préparer, à faciliter l'installation et la prospérité de la colonisation libre; l'article 2 de cette loi fameuse ne laisse aucun doute à cet égard : « Les condamnés seront employés aux travaux les plus pénibles de la colonisation, et à tous les autres travaux d'utilité publique. »

Le texte est précis, la volonté des législateurs est formelle ; la condamnation aux travaux forcés astreint le forçat à l'exécution des grands travaux publics ; et le juge qui prononce la peine, après l'avoir mesurée à l'étendue du crime, ne la prononce qu'avec la conviction profonde qu'elle doit être intégralement subie.

Aussi, Messieurs, lorsque la loi de 1854, très sage à cet égard, admet la possibilité du retour au bien du coupable, de sa régénération et de sa réhabilitation, lorsqu'elle promet, en récompense des efforts du condamné, une concession de terre, elle ne peut, elle ne doit raisonnablement et équitablement tenir cette promesse qu'au jour où la dette contractée envers la société aura été payée. Au sens de beaucoup d'hommes qui ont étudié la question et vu de près l'institution pénitentiaire, la mise en concession des condamnés en cours de peine est un véritable non-sens, elle est immorale et dangereuse.

Eh bien, Messieurs, l'administration de la transportation a la faculté de mettre en concession sur une terre fertile, en le pourvoyant de tout ce qui lui est nécessaire, un condamné qui aura subi un minimum de quatre ans de bagne ; elle peut en outre placer ces condamnés comme écrivains, garçons de bureau, dessinateurs, domestiques, jardiniers, etc., etc. J'en ai même vu qui servaient de bonnes d'enfants ! Aujourd'hui même, à l'heure où je vous parle, Fenayrou, l'assassin et le ligoteur, fait paisiblement ses travaux forcés au comptoir de la pharmacie de Bourail : c'est à croire vraiment que la célébrité du crime a droit à des égards !

Voici comment s'exprimait au 31 décembre dernier un brave petit journal de Nouméa :

« L'article 2 de la loi du 30 mai 1854, sur l'exécution de la peine des travaux forcés, est ainsi conçu : « Les condamnés seront employés aux travaux les plus pénibles de la colonisation et à tous autres travaux d'utilité publique. »

« Cette rédaction est claire et précise, la volonté des législateurs ne pouvait être affirmée plus nettement; il n'était alors jamais venu à l'idée de personne de convertir les condamnés en cuisiniers, jardiniers, blanchisseurs, brosseurs, bonnes d'enfants, etc., et en toute cette gent servile, qu'on se plaît à décorer du titre pompeux de garçons de famille !

« Si tel était l'esprit de la loi, il suffirait de porter à la connaissance de ceux qui en ont charge quelques exemples (et ils ne sont pas rares) pour motiver sa révision immédiate.

« Non ! il ne saurait en être ainsi ! La loi qui frappe le coupable ordonne que celui-ci, pour réparer ses torts envers la société, soit utilisé à son service, c'est-à-dire employé à des travaux d'utilité publique et non au bénéfice de particuliers, qui peuvent à la rigueur se procurer d'autres serviteurs. »

Que résulte-t-il, Messieurs, de cette application bizarre des travaux forcés? C'est, d'abord que les travaux forcés ne s'exécutent pas, et que la Nouvelle-Calédonie, à laquelle un décret du 16 août dernier vient d'enlever cent dix mille hectares de ses meilleures terres pour les sacrifier à l'administration de la transportation, en est encore à désirer la confection de ses travaux d'utilité publique; après vingt ans de séjour avec une armée qui, aujourd'hui, compte de 10 à 12,000 travailleurs forcés, elle ne possède à peu près pas de routes, elle n'a pas de ponts, pas de jardins ni de pépinières publiques; les places et les rues de Nouméa sont des cloaques; la ville n'a pas d'égouts; sa caserne d'infanterie laisse aller ses déchets sur la voie publique; il n'y a ni docks, ni bassins, ni chantiers, ni ateliers de construction ni de réparation; le tronçon de quai qui seul existe encore ne permet pas aux gros navires d'accoster; enfin tout bâtiment marchand ou de l'État qui viendrait à faire des avaries majeures dans les environs de la colonie et ne pourrait gagner l'Australie serait irrévocablement perdu faute d'un outillage capable de le réparer ! Et chaque année, ne l'oublions pas, Messieurs, la France verse à la transportation une quantité désolante de millions.

C'est dans les magnifiques plaines de Bouraïl et de la Fontwary qu'existent actuellement les grands pénitenciers agricoles; c'est là, sur un terrain fertile, qu'on installe les condamnés concessionnaires; on leur accorde trente mois de vivres et, pour charmer leur existence, on les marie avec de jeunes personnes de même origine et qu'ils peuvent aller choisir dans le timide bataillon parqué au couvent des sœurs de Bouraïl. Ce que produisent ces unions entre assassins et infanticides ou incendiaires, vous n'exigerez pas, Messieurs, que je vous en fasse le tableau et, si l'on peut compter quelques jeunes gens qui ont été assez bien doués pour faire oublier leur origine (et il en existe qui méritent à ce titre les plus grands éloges et tous les encouragements), la masse reste sous l'influence du milieu où elle vit, elle en continue les traditions, et certains procès intentés par des condamnés concessionnaires, même à des fonctionnaires de l'administration pénitentiaire, ont remué une boue telle que je ne me permettrai point d'en apporter jusqu'ici les odeurs !

Mais le côté le plus douloureux de cette situation étrange, c'est assurément l'effet moral qu'elle produit sur la population honnête ! Eh quoi, Messieurs, quand le colon libre est condamné (sérieusement, lui) à tirer péniblement du sol son pain et celui de sa famille, sans pouvoir compter sur les secours de l'État lorsque les calamités physiques viennent fondre sur sa récolte, il peut voir le forçat concessionnaire nonchalamment étendu, comme Tityre, à l'ombre des bananiers, peu soucieux des effets de l'inondation, des sauterelles ou du cyclone destructeur, car son existence est assurée par l'administration qui lui fait ces loisirs, qui pourvoit à ses besoins quand la récolte manque, qui assure l'écoulement de ses produits quand elle est favorable !

Ah ! Messieurs, quand l'honnête homme se trouve réduit à envier le sort que notre société fait à ses plus redoutables scélérats, je dis qu'il y a là un danger épouvantable que nous devons faire connaître pour que nos administrateurs se hâtent de le conjurer ! L'ouvrier laborieux qui, manquant de travail, souffre sur le pavé de Paris, aura-t-il jamais, celui-là, une propriété fertile où il pourra mourir tranquille entouré de sa famille ? et, s'il trouve à s'employer, au prix de quels efforts ne devra-t-il pas son salaire ?... Eh bien, mais, qu'il écoute donc la voix du mal, et dans quatre ans il aura la chance de se voir cultivateur à Bouraïl, sous le plus agréable climat du monde entier !

Voilà, Messieurs, où nous a conduits l'interprétation un peu fantaisiste d'une loi qui, par les grands principes qui l'ont inspirée, est très certainement la plus admirable de notre législation entière.

Il existe actuellement à la Nouvelle-Calédonie huit mille forçats environ et trois mille cinq cents libérés. Ces derniers sont libres sur le territoire de la colonie, presque tous errent autour de l'île sans jamais vouloir se fixer définitivement nulle part ; ils travaillent quelques jours, quelques mois au plus, chez le même patron, et en reviennent toujours à la vie nomade qu'ils affectionnent. Quelques-uns sont devenus des hommes honorables et ont réussi à se faire une situation : on les cite comme de rares exceptions. Quant aux fameuses concessions de Bourail et autres lieux pénitentiaires et agricoles, le forçat concessionnaire s'en éloigne généralement avec empressement dès qu'il arrive à sa libération ; le libéré concessionnaire est encore une exception ; ce qui prouve surabondamment que le système est vicieux, puisque le but n'est pas atteint.

Maintenant, Mesdames, Messieurs, on peut toujours objecter que la critique de ce qu'ont fait les autres est facile, et que celui qui blâme devrait savoir proposer de sages réformes. Cela est vrai ; permettez-moi d'essayer. Le point de départ serait de rétablir la discipline sévère qui n'existe plus au bagne... Jadis le forçat tremblait devant le fouet ; il travaillait dans la crainte de ce châtiment ignoble, et c'est ainsi qu'on a obtenu les magnifiques travaux des grands ports comme Toulon, etc. On a supprimé la corde, et certes, ce n'est pas moi qui m'en plaindrai.... mais il fallait la remplacer par quelque chose de moins barbare assurément, mais d'aussi redoutable, car aujourd'hui dix condamnés ne représentent pas un ouvrier ordinaire : ils ne font guère que changer leurs outils de place, et l'énergie des gardiens se brise devant une force d'inertie que ne vient secouer la menace d'aucune peine effective.

Eh bien, je connais la peine qui ramènerait facilement et rapidement la discipline au bagne, elle existe, elle n'a rien de trop choquant pour nos mœurs, car il faut bien, au bout du compte, si nous voulons sauvegarder notre société, la défendre contre les bêtes féroces qui la menacent : cette peine, c'est la cellule ; c'est la cellule, cette loge de pierre où le coupable reste exclusivement en présence de sa conscience et des crimes qu'elle lui reproche ! La cellule est un châtiment terrible et dont la pensée fait frémir l'homme le plus solidement trempé.

Il faut ensuite, Messieurs, interdire aux administrateurs pénitentiaires tout détournement des condamnés de la peine que la loi leur inflige : il n'est pas admissible qu'un condamné à mort dont la peine a été commuée fasse ses travaux forcés en qualité de bonne d'enfants et de *garçon de famille* ! Il n'est pas admissible non plus qu'un condamné aux travaux forcés, en cours de peine, soit érigé en propriétaire foncier ; c'est offrir une véritable prime aux criminels, ce qui est monstrueux. Cette récompense doit être réservée comme prix de l'expiation complète du crime, et le crime ne peut être expié que par l'exécution de la peine qu'il mérite.

Le dernier point, le point capital, c'est de confier l'administration à des mains habiles, ayant souvent fouillé les profondeurs du cœur humain, qui ne considéreraient pas leur poste comme un poste d'exploitation, mais sauraient le rendre plus productif au bénéfice exclusif de la métropole et de ses colonies pénitentiaires ; mains habiles et dévouées à leur œuvre, qui sauraient séparer, sur le vaste territoire dont on dispose, la bande pénitentiaire en lots qui n'auraient jamais de relations d'aucune sorte, pour éviter la corruption du moins mauvais par le pire !

Enfin, après la peine, viendrait l'heure de la récompense : des terres seraient offertes au condamné redevenu homme, mais jamais sur le théâtre même où se serait joué l'acte terrible de l'expiation, jamais dans le voisinage du lieu maudit qui suinte le crime et le vice ; et voilà pourquoi, Messieurs, nous demandons avec instance au gouvernement de la République qu'il se détermine enfin à planter notre pavillon sur des terres déjà françaises, terres fertiles, les Nouvelles-Hébrides et le groupe qui les continue au nord-ouest, les Salomon.

Ce n'est pas à dire cependant que la Nouvelle-Calédonie veuille se séparer du bagne proprement dit qui, par sa consommation, constitue pour elle une source de fortune ; l'établissement pénitentiaire de l'île Nou, en face de Nouméa, est une merveille en son genre, il a coûté des sommes considérables et, nulle part au monde, on ne saurait en installer un semblable dans de meilleures conditions... Mais la colonie demande à ce que le bagne soit le bagne, et non un royaume au petit pied où s'absorbent les millions de la France, aux risques et périls de la colonie et à la honte de l'humanité !

Il me reste à dire quelques mots sur la possibilité d'installer une fraction quelconque des récidivistes à la Nouvelle-Calédonie.

J'en demande bien pardon aux honorables députés et sénateurs qui nous font l'honneur d'assister à la séance, mais la loi telle qu'elle est conçue me paraît si peu applicable — à la Nouvelle-Calédonie tout au moins, — que je ne dirai que quelques mots à ce sujet.

Il y a trois ans environ, une commission de vingt-huit

membres fut réunie à Nouméa pour discuter différentes questions soumises à elle par le gouverneur et relatives à la colonisation libre. L'un de mes collègues à cette commission proposa qu'il fût amené à la colonie des gens de tous métiers, même des récidivistes, prétendant que toutes ces bouches mangeraient forcément et feraient aller le commerce... Inutile, n'est-ce pas, de dire que mon collègue était un des gros marchands de comestibles de Nouméa. Mais sa motion fut accueillie avec un certain froid ; l'assemblée ne reconnut pas qu'il fût possible d'admettre les récidivistes comme variété de colons, sur un sol aussi étroit et déjà occupé par deux éléments dangereux : le forçat et le Canaque.

Messieurs, la France veut se débarrasser des récidivistes et elle a raison : tout le monde est d'accord sur ce point... mais qu'elle en empoisonne ses colonies, ce point est discutable.

La commission chargée de discuter le règlement d'administration publique prescrit par la loi est d'accord avec le gouvernement pour soumettre les relégués au principe de la liberté, dans la colonie, sous une sorte de tutelle administrative ; les récidivistes ayant des ressources qui leur permettront de chercher du travail en obtiendront l'autorisation ; d'autres seront placés chez les patrons qui en feront la demande, mais de manière à ce que les voisins n'en connaissent pas l'origine (ce qui, disons-le entre parenthèses, les laissant sans défiance, les exposera à de singulières aventures) ; le reste, enfin, sera affecté aux travaux de colonisation. Ceux-là seront nourris et logés par l'administration, qui, de plus, leur donnera un salaire en rapport avec leur travail !

Telle est l'économie du projet, je n'en veux considérer que l'ensemble et au point de vue toujours de la colonisation.... Eh bien, Messieurs, ce que propose la commission est ce que je proposerais, moi, en faveur de l'ouvrier honorable et qui ne trouve plus, en France, à vivre de ses bras... Ces mesures que l'on va prendre à l'égard des malfaiteurs endurcis, veuillez remarquer que si on avait su les prendre à temps au bénéfice de nos braves ouvriers sans travail, si on avait su écouler dans nos colonies l'excès de nos forces vives, il est bien probable que nous n'aurions pas aujourd'hui sur les bras cette masse de récidivistes dont la plupart ne sont devenus incorrigibles que par la faute de la mauvaise organisation de notre société.

On va donc faire, en Nouvelle-Calédonie, à l'aide d'un élément pernicieux et pas intéressant du tout, une concurrence terrible à l'émigration nécessaire, indispensable des ouvriers sans travail, libres. On va conduire, toujours à grands renforts de millions, des hommes reconnus et classés comme incorrigibles aux extrémités du globe, en feignant de croire qu'ils vont se mettre au travail sous un climat tropical, et l'on veut se persuader que l'on s'en débarrassera ainsi !

J'ai protesté dans la mesure de ma situation et de mes forces contre la destruction définitive de la Société calédonienne par l'invasion des récidivistes... et je me range à l'avis de l'honorable M. Béranger, qui a trouvé la vraie solution, selon moi... et cette solution n'est pas une promenade aux colonies sur les bateaux de l'État avec protection administrative et solaire à la clef... mais bien l'augmentation de la peine et l'application sévère de la cellule sur place. Le projet a, depuis, été modifié. Les récidivistes iront à la Guyane.

On ne réfléchit pas assez, Messieurs, on paraît ne plus

s'apercevoir que : aller à la Nouvelle... est le désir le plus ardent de tous les repris de justice... Mais, sans la cellule, la maison centrale a déjà pour eux si peu d'attraits que le Parlement a dû élaborer une loi spéciale contre les condamnés qui attaquaient leurs gardiens dans le seul but d'aller partager la félicité coloniale du forçat !

Mais le temps s'écoule, je dois m'arrêter, Mesdames, Messieurs, et je le regrette sincèrement, car il me reste bien des choses à vous dire... et il est si agréable de s'adresser à des cœurs qui comprennent le vôtre ! J'espère toutefois n'avoir pas en vain appelé votre attention sur une question qui la mérite.

Imp. A. Davanne, Paris, boulevard Saint-Michel, 53

Imp. A. DERENNE, Paris, boulev. Saint-Michel, 52.